LETTRES ALGÉRIENNES

LE BUDGET ALGÉRIEN

LA COLONISATION

Contribution à l'enquête parlementaire
(JUIN 1900)

PAR

Léon ROUYER,

COLON,

Président du Conseil Général de Constantine,
Délégué au Conseil Supérieur de l'Algérie,
Chevalier de la Légion d'Honneur.

CONSTANTINE

IMPRIMERIE-LIBRAIRIE ADOLPHE BRAHAM

D. BRAHAM FILS SUCCESSEUR

1900

LETTRES ALGÉRIENNES

LE BUDGET ALGÉRIEN

LA COLONISATION

Contribution à l'enquête parlementaire
(JUIN 1900)

PAR

Léon ROUYER,

COLON,

Président du Conseil Général de Constantine,
Délégué au Conseil Supérieur de l'Algérie,
Chevalier de la Légion d'Honneur.

CONSTANTINE

IMPRIMERIE-LIBRAIRIE ADOLPHE BRAHAM

D. BRAHAM FILS SUCCESSEUR

—

1900

LETTRE

A M. POURQUERY DE BOISSERIN,

Président de la Commission d'enquête parlementaire

———— ♦♦♦ ————

Constantine, le 24 juin 1900.

Monsieur le Président,

J'ai eu l'honneur de vous adresser, à Paris, en votre qualité d'ancien rapporteur de la loi du 16 février 1897, et avant la constitution de la Commission d'enquête, quelques modestes pages relatives à la propriété indigène.

Peut-être cet opuscule ne vous sera-t-il pas parvenu à la Chambre.

Je me permets de vous le faire remettre aujourd'hui, en vous priant de le considérer comme une contribution à l'enquête que vous dirigez.

Bien d'autres réponses ont été faites au questionnaire de l'Administration sur le même sujet et, parmi celles-là, je prends la liberté de vous signaler les brochures de MM. Gautier, ancien sous-préfet, et Causse, receveur des Domaines, à Batna.

Vous y trouverez la preuve qu'on eût, peut-être, mieux fait de se préoccuper de la protection de la propriété française, menacée sur bien des points par une sorte de reprise indigène, que de s'attacher à vouloir conserver en d'autres lieux, à l'état de valeur morte entre les mains des Arabes, d'immenses étendues de terres, dont ils ne tirent qu'un maigre parti et dont la possession ne les garantit, d'ailleurs, nullement de la misère.

Deux mots résument presque toutes les consultations provoquées : la liberté et encore la liberté.

C'est la solution que je me fais, moi aussi, honneur de soutenir, et c'est assurément celle à laquelle vous conduira votre consciencieuse enquête, laissez-moi l'espérer.

Chargé par mes amis de vous exprimer leur pensée sur deux points du programme de la Commission, j'ai rédigé quelques notes sur le projet de BUDGET ALGÉRIEN *et sur la* COLONISATION.

Elles vous parviendront aussi en même temps que ces lignes.

La question du DÉCRET CRÉMIEUX *et celle de la* NATURALISATION DES ÉTRANGERS *vous seront exposées par d'autres Délégués de la population française de Constantine et je n'ai point eu à m'en préoccuper spécialement à l'occasion de votre arrivée parmi nous. Mais je tiens, tout au moins, à vous dire brièvement, mon opinion sur ces deux affaires, d'importance telle, que la pacification des esprits apparaît à tous comme étroitement attachée à la solution qui leur sera donnée.*

En ce qui concerne le malencontreux décret Cré-

mieux, je ne puis naturellement que partager le senti-
ment du Conseil Général de Constantine qui, à l'una-
nimité, en a réclamé depuis longtemps l'abrogation ;
et les avis si nets exprimés, à ce sujet, par le Conseil
Supérieur et par les Délégations financières, n'ont
fait que fortifier mes convictions.

Quant aux étrangers, il me paraît sans doute néces-
saire de parer aux abus de la naturalisation automa-
tique, et d'écarter les oiseaux de passage, les hiron-
delles de la mer, réservistes de la flotte italienne, mais
par contre, j'estime qu'il convient de faciliter le plus
possible l'entrée de la famille française aux européens
dont le cœur se tourne vraiment vers nous et dont les
bras nous aident à enrichir la Colonie.

Veuillez agréer, Monsieur le Président, l'assurance
de mes sentiments de respectueuse sympathie.

L. ROUYER,
Président du Conseil Général de Constantine.

LE BUDGET SPÉCIAL

Messieurs
les Membres de la Commission d'enquête parlementaire,

A l'heure où nous avons l'honneur de vous recevoir, vous avez déjà parcouru la plus grande partie de l'Algérie et enregistré les déclarations et les vœux de nos concitoyens.

Dans ces conditions, il serait présomptueux de notre part et inutile en grande partie, de prétendre vous donner un exposé complet des revendications algériennes en matière budgétaire et il nous semble bien plus à propos de nous borner à en parcourir, avec vous, le résumé.

Ainsi que vous le savez déjà, la question remonte fort loin dans le passé et ce qui est tout à fait significatif, c'est qu'elle n'a pas été soulevée par les Algériens eux-mêmes, comme pourraient le croire ceux qui sont tentés d'admettre chez nous l'existence d'un esprit particulariste.

Non, l'initiative est venue de la France elle-même et appartient à des hommes dont la valeur intellectuelle, l'esprit pratique, étaient à la hauteur du patriotisme le plus vif et le plus éclairé.

Les maréchaux Pélissier et Randon, il y a plus de quarante ans, indiquaient déjà la nécessité d'un régime financier indépendant.

Après eux, en 1869, M. Béhic, une des lumières financières et administratives de la France, se prononçait énergiquement dans le même sens en invoquant l'intérêt supérieur de la mère patrie autant que celui de la colonie.

Depuis lors, l'Algérie, dotée des mêmes institutions électives que la France, n'a cessé, par l'organe de ses mandataires à divers degrés, de réclamer l'application des desiderata exprimés par ces hautes personnalités.

Deux de ses Gouverneurs Généraux et non des moins éminents : MM. Tirman et Cambon, ont fait entendre leur voix, sur le même sujet, au sein du Parlement.

Mais, jusqu'en 1898, tous les vœux ainsi formulés étaient restés, on peut le dire, sur le terrain purement spéculatif, lorsqu'ils apparurent tout d'un coup, par la création des Délégations financières, comme appelés à passer sur celui de la discussion pratique, prélude d'une réalisation si longtemps attendue.

En effet, dès son arrivée à Alger, M. Laferrière, qui apportait comme don de joyeux avènement les décrets du 23 août, annonçait son intention bien arrêtée de leur faire rendre, au profit de la colonie, tout ce qu'ils contenaient en germe, et dès la première réunion des Délégations, il s'empressait de soumettre à leur examen un projet de budget spécial, ou pour mieux dire, particulier à l'Algérie.

Peu importe le nom dont on le baptisait; la phraséologie administrative est riche en formules, on le verra plus loin ; il n'y a à retenir que l'idée-mère, celle qui avait pour but *la réalisation d'un budget à affecter en bloc à la colonie,* au lieu des ramifications antérieures, dont chacune avait sa place dans les nombreux Ministères de la métropole.

Vous savez certainement, Messieurs, ce qui s'est passé depuis lors. Vous êtes des législateurs trop expérimentés, trop attachés à vos devoirs, trop imbus de l'importance de votre haute mission, pour n'avoir pas déjà dépouillé les cahiers algériens et pour ne pas posséder aussi bien que nous-mêmes, la substance des travaux auxquels se sont livrées les Assemblées algériennes de 1898 et de 1899.

Mais pour la clarté de notre exposé, permettez-nous un rapide coup-d'œil rétrospectif.

*
* *

Au mois de *novembre 1898,* M. le Gouverneur Général réunit les Délégations financières et leur soumet un projet de budget « dit spécial », en les engageant à l'examiner et à formuler leur avis.

La *Délégation des Colons,* par l'organe de son rapporteur, M. Pierrard, déclare approuver ledit projet dont l'économie est à peu près la suivante :

« Les recettes algériennes, s'élevant à 54 millions, partager la somme en deux parties égales : la métropole percevant 27 millions destinés à faire face aux dépenses des services dont elle garde la charge et la direction, les 27 autres étant appliqués aux services algériens proprement dits. »

Voici, au surplus, les conclusions du rapport Pierrard, adoptées à l'unanimité :

« Votre Commission, Messieurs, émet donc l'avis :

« 1° Qu'un budget *spécial,* pour le moment, et

<center>— 4 —</center>

devant nous amener progressivement au budget *inté-gral* algérien, est absolument opportun et que nous devons être unanimes à le demander ;

« 2° Elle vous propose de vous rallier, purement et simplement, au projet de budget spécial de M. le Gouverneur Général, tout en faisant les plus extrêmes réserves sur tout ce qui serait de nature à engager l'avenir et en demandant que les Délégations soient consultées aussi sur le budget des dépenses métropolitaines dans ce projet. »

<center>*
* *</center>

Au cours de la même session, au sein de la *Délégation des non Colons*, l'examen du même projet donne lieu à une étude des plus approfondies.

Les conclusions seront finalement les mêmes, mais le rapporteur, M. Dessoliers, ancien député, ne craint pas d'aborder l'éventualité d'un budget intégral.

Il sait qu'il y aurait dès l'abord à faire face à près de 80 millions de dépenses, au lieu de 54 ; mais il ne s'en effraie pas. Il pense qu'on pourrait par de sévères économies réduire les frais généraux ; qu'on pourrait aussi compter sur un accroissement d'impôts mieux compris, mieux perçus, et qu'on ne tarderait pas à arriver à l'équilibre parcequ'en dehors des plus-values à espérer dans les recettes, il y aurait lieu de diminuer tout de suite le chiffre des dépenses, en restreignant le poids de la garantie d'intérêts par des arrangements transactionnels entre les Compagnies intéressées et l'Etat, — celui-ci d'ailleurs, aussi bien pour cela que pour les pensions civiles, devant en conserver une partie à sa charge.

Quoiqu'il en soit, et malgré ses préférences pour le budget intégral, M. Dessoliers déclare se rallier au projet de M. le Gouverneur Général et dépose les conclusions suivantes qui sont adoptées à l'unanimité :

« La délégation financière des *non Colons*, légalement consultée sur l'opportunité de doter l'Algérie d'un budget particulier, point sur lequel il ne saurait y avoir de désaccord;

« Tout en indiquant ses préférences pour un budget autonome, un budget franchement algérien et intégral dont la colonie aurait la gestion et la responsabilité en recettes et en dépenses, sous le contrôle supérieur du Parlement, et constatant que l'avenir est réservé;

« Vu les circonstances et afin de donner au Gouvernement de la République un témoignage non équivoque de sa déférence, ainsi que pour fournir à M. le Gouverneur Général Laferrière, qui est son représentant, la pleine autorité qui lui est nécessaire pour défendre avec efficacité, devant le Parlement, la cause de l'Algérie;

« Emet l'avis que, dès 1900, l'Algérie, érigée en en personne morale, soit dotée d'un budget spécial constitué ainsi qu'il suit :

« L'Algérie prendrait en charge les dépenses afférentes au service de la colonisation, des travaux publics, des postes et télégraphes, agriculture et forêts, topographie, assistance publique indigène, cultes musulmans, justice indigène y compris l'état civil des indigènes.

« Pour faire face à ces dépenses, il lui serait alloué

la moitié des recettes générales actuellement perçues et qui sont disponibles.

« Les excédents, quand il s'en produirait dans l'avenir, seraient partagés par moitié entre la colonie et la métropole, cette dernière prenant l'engagement d'abandonner, pendant une période de 10 ans au moins, sa part à la colonie, afin que celle-ci puisse plus aisément gager les emprunts nécessaires à l'achèvement de son outillage économique.

« La délégation exprime aussi l'avis qu'en dehors du droit de vote du budget spécial, qui sera reconnu aux Délégations financières ainsi qu'au Conseil Supérieur, elles portent à titre consultatif leur examen sur l'ensemble du budget de l'Etat en Algérie, avant que ce budget soit déposé sur le bureau des Chambres. »

Nous avons dit que ces conclusions avaient été adoptées à l'unanimité, ce qui est exact. Pourtant, il n'est pas inutile de noter qu'au cours de la discussion qui précéda le vote, quelques Membres firent observer qu'on se heurterait peut-être à des difficultés d'ordre constitutionnel, c'est-à-dire que le Parlement ne se croirait sans doute pas le droit d'autoriser l'Etat à s'engager à accepter, pour dix ans, le système forfaitaire de 27 millions. Ladite objection fut réfutée par M. le Commissaire du Gouvernement, de Peyerimhoff, qui rassura l'Assemblée sur ce point.

* *
*

Quelques semaines plus tard, le Conseil Supérieur, dont la session ordinaire de 1898 avait été retardée jusqu'en janvier 1899, réuni à son tour, homologuait, après un examen rapide, les conclusions déposées par les Délégations financières.

*
* *

En somme, les Assemblées algériennes, un peu prises au dépourvu par la brusque mise en œuvre d'un organisme tout nouveau, n'avaient pu, en l'état, que témoigner de leur parfaite bonne volonté et aussi, pour ainsi dire, de leur reconnaissance instinctive envers ceux qui, pour la première fois depuis si longtemps, paraissaient décidés à seconder les vœux de la Colonie.

Mais, par le cours naturel des choses et par suite des lenteurs que comportent les solutions de ce genre, une année devait se passer avant qu'une décision formelle du Parlement fût intervenue; d'autres projets, un peu différents du premier, tout en visant le même but, étaient agités dans les Conseils du Gouvernement.

La question se représenta donc toute entière et même agrandie, à Alger, aux sessions de novembre et décembre 1899.

Pendant ce laps de temps, elle avait été étudiée, mûrie; les Délégués de 1898 revenaient avec une expérience qu'ils ne possédaient pas au lendemain de la première convocation; le problème avait fait l'objet de leurs investigations; ils l'avaient tourné et retourné sous toutes ses faces. On peut s'en rendre compte par le résumé que nous allons faire de leurs délibérations.

*
* *

A la Délégation *des Colons*, séance du 17 novembre 1899, M. le rapporteur Aymes, tout en reconnaissant au budget spécial, proposé par M. le Gouverneur Général, de grands avantages, y relève cependant les inconvénients suivants :

Ce ne sera pas encore l'unité budgétaire. La proportion de 50 % est arbitraire et, enfin, la subvention finale, qui sera indispensable, restera toujours aléatoire.

Quant au budget intégral, il ne serait possible, selon lui, « que si les Assemblées algériennes avaient un droit de décision ferme sur les dépenses facultatives, si le produit de tous les impôts à venir étaient acquis à la Colonie en même temps que toutes les plus-values à réaliser. »

Partant de là, il préconise un autre système basé sur ce fait « que sur les 54 millions de recettes, 18 millions seulement devant être affectés à des services d'Etat et les 36 autres millions devant servir à faire face à des dépenses algériennes, il conviendrait de laisser entièrement à la disposition de la Métropole le produit des douanes, actuellement de 13 millions, pour être appliqué aux services métropolitains, la différence, soit 5 millions, restant à parfaire par la France, à titre d'allocation provisoire, pour assurer lesdits services.

« Sur l'ensemble des recettes, 41 millions resteraient à la disposition du budget algérien et, les dépenses ne s'élevant au maximum qu'à 36 millions, il resterait un fonds disponible de 5 millions pour couvrir l'annuité de l'emprunt que tout le monde s'accorde à trouver indispensable à la mise en valeur des richesses de la Colonie. »

M. le Commissaire du Gouvernement de Peyerimhoff fait l'éloge de la clarté des conceptions émises par M. Aymes, mais craint que son projet ne soit pas adopté par le Parlement, car la France devrait par là renoncer à peu près à voir disparaître sa subvention annuelle.

M. l'inspecteur général de la colonisation, Dormoy, y voit aussi un danger, mais d'une autre nature : c'est que, s'il convient à la métropole d'augmenter le produit des douanes, affecté aux recettes destinées à couvrir sa part de dépenses obligatoires, c'est en définitive l'Algérie qui paiera.

Finalement et après une longue discussion, la Délégation adopte l'ordre du jour suivant, déposé par M. le colonel Corps et qui emporte le rejet du projet Aymes :

« La Délégation,

« Tout en recommandant plus particulièrement le projet dit de *budget spécial*, s'en remet à la sagesse des Pouvoirs Publics pour faire un choix entre un *budget intégral* et un *budget spécial*, à condition, toutefois, que le *budget intégral* soit complété comme suit :

« 1º Reconnaissance à la colonie de son droit de décision sur les dépenses facultatives, avec faculté de comprendre dans ces dépenses toutes celles qui ont pour but de seconder le développement économique de la Colonie ;

« 2º Affectation à ses besoins et à l'assiette de son crédit, des taxes spéciales, que les Assemblées algériennes seraient admises à voter ;

« 3º Affectation des excédents de recettes à la constitution d'un fonds de réserve, destiné à pourvoir à des besoins urgents ou à fortifier le crédit de l'Algérie. »

Voté à l'unanimité, moins quatre abstentions.

*
* *

Le lendemain, 18 novembre, la Délégation des *non colons* abordait le même sujet.

M. Dessoliers, déjà rapporteur de la même Assemblée l'année précédente, commence par établir qu'il résulte des renseignements fournis, que le Gouvernement de la métropole n'a pas donné sa pleine et entière adhésion au projet de budget spécial et que, partisan pour les colonies de l'unité budgétaire, il indique ses préférences pour un budget intégral ou proprement algérien, dont les grandes lignes seraient ainsi tracées :

« Tout ce qui se rattache aux services publics aurait un caractère obligatoire ;

« Tous les impôts, qui sont perçus en Algérie, seraient appliqués à l'ensemble des dépenses obligatoires ou facultatives ;

« Une subvention de la métropole parerait au déficit éventuel ;

« Tout serait *voté* par les Délégations et par le Conseil Supérieur et, en dernier ressort, l'ensemble des recettes et dépenses serait soumis à l'homologation du Parlement. »

M. Dessoliers donnerait sa pleine adhésion à un pareil projet, si à la réforme budgétaire on joignait la réforme administrative, sans laquelle la première risque de rester lettre morte.

En un mot, il voudrait que tous les services algériens, au lieu d'être rattachés à des Ministères différents, fussent centralisés entre les mains d'un Gouverneur Général, responsable devant le Parlement.

Son rapport conclut comme suit :

« La 2ᵉ Délégation émet l'avis :

« 1º Que l'émancipation budgétaire de la colonie soit proclamée, sans nouveaux retards, par la loi de finances de l'exercice 1901 et que la réforme administrative, accompagnant la réforme budgétaire, tous les services soient centralisés auprès du Gouverneur Général, afin qu'à un budget algérien corresponde, comme il est nécessaire et logique, un Ministère algérien ;

« 2º Que le budget des dépenses ne comprenne que les dépenses civiles, sans contingent d'aucune sorte, à fournir pour les dépenses militaires ou de la marine ;

« 3º Qu'une subvention équivalente à l'annuité du premier emprunt de 100 millions, qu'elle aura à contracter, lui soit allouée par la métropole, afin que, sans crainte de mécompte, elle puisse assurer le parfait équilibre de son budget et que ce premier emprunt soit garanti ;

« 4º Que les excédents de recettes soient acquis à l'Algérie, sans partage avec la métropole, de manière à former une caisse de réserve, comme en possèdent toutes les autres colonies ;

« 5º Que la distinction en dépenses obligatoires et facultatives, telle qu'elle est prévue dans le projet esquissé par M. le Président du Conseil, ne soit pas maintenue ;

« 6º Qu'une Commission coloniale soit constituée, sur place, chargée de surveiller l'exécution du budget algérien. »

M. Casanova, délégué, demande la permission de critiquer trois points dudit rapport.

Il craint, tout d'abord, que la demande de réforme administrative ne soit pas admise en France. Il ajoute qu'il préférerait renoncer à la subvention, en laissant à la Métropole la charge des dépenses de Gendarmerie et des pensions civiles. Et, enfin, il ne croit pas qu'il y ait danger à laisser au Parlement le privilège de voter les dépenses obligatoires, parce que celles-ci ayant un maximum fixé au préalable par le Conseil d'Etat seront toujours sous la protection du contrôle de notre députation.

En principe, et en dehors des points ci-dessus, il est tout à fait d'accord avec M. Dessoliers. « Nous n'avons, dit-il, en somme, à choisir qu'entre deux formes de budget : *le budget algérien* et *le budget spécial*, et ce dernier n'est qu'un expédient. »

M. Vinci, président de la Délégation, déclare partager presque entièrement l'opinion de M. Dessoliers. Il réfute les deux premières critiques de M. Casanova et ne retient que la troisième, celle qui a trait à la distinction entre dépenses obligatoires et dépenses facultatives, distinction qu'il trouve légitime.

L'Assemblée se range à ce dernier avis, décide le rejet du paragraphe 5, du rapport de M. Dessoliers et adopte, à l'unanimité, tous les autres articles.

*
* *

Ainsi qu'on le voit, un pas a été fait en avant.

Au lieu de l'approbation, pour ainsi dire pure et simple, du projet de budget spécial présenté en 1898, les deux Délégations envisagent une autre solution.

Bien que n'étant pas d'accord entre elles, puisque les *Colons* continuent à s'en remettre à la sagesse des Pouvoirs Publics, tout en indiquant pourtant certains desiderata visant l'application éventuelle du budget intégral, tandis que les *non Colons* déposent une proposition ferme, les deux Assemblées semblent comprendre que le projet initial a vécu et s'attachent à indiquer les améliorations qu'elles souhaiteraient y voir apporter.

C'est dans cet état d'esprit qu'elles vont se trouver rapprochées en réunion plénière, trois jours plus tard, en présence de M. le Gouverneur Général.

L'intérêt de la séance devait naturellement se trouver concentré dans la discussion qui allait s'établir entre les auteurs des divers projets ou rapports. Cet intérêt fut des plus vifs.

M. le Gouverneur Général, s'appuyant sur l'opinion émise par la Délégation des *Colons* et aussi par celle des *Indigènes*, — nous n'avons pas parlé de cette dernière, la considérant comme de pure forme, eu égard à l'insignifiance des procès-verbaux publiés, — prit vivement à partie le rapport de M. Dessoliers, dont les conclusions avaient bien pour but de donner au Gouverneur Général des pouvoirs très étendus, mais sous condition d'un contrôle tel, « que le prétendu *Gouverneur fort* serait finalement un Gouverneur en tutelle. »

M. Laferrière, ne dissimulant pas ses prédilections pour le *budget spécial,* engage l'Assemblée à ne pas émettre de vote ferme et à laisser au Gouvernement et au Parlement le soin de trancher la question.

M. Dessoliers, répliquant, fait remarquer que la 2e Délégation *(non Colons)*, dont il est l'interprète, n'a, en somme, rien innové de bien dangereux ; que beaucoup de bons esprits, en France, tels que M. Chaudey, ancien rapporteur du budget de l'Algérie, M. Leroy-Beaulieu, l'éminent économiste, ont réclamé pour la Colonie une réforme complète et sincère.

Il fait, en outre, observer que ce *budget spécial*, auquel paraît tant s'attacher M. le Gouverneur Général, n'est même plus, à l'heure actuelle, soutenu par le Ministère, qui indique nettement ses préférences pour une autre solution et il conclut en disant :

« On ne nous demande qu'un avis : ayons donc le courage de le donner conforme à nos sentiments. »

M. Vinci, président de la Délégation des *non Colons*, appuie très énergiquement l'opinion du préopinant. Il rappelle que, déjà, l'an dernier, la Délégation avait manifesté ses préférences pour le *budget intégral*, quand l'application en serait possible. Or, cette possibilité apparaît aujourd'hui, puisque le Président du Conseil, lui-même, en prend l'initiative en quelque sorte.

M. Aymes, de la Délégation des *Colons,* soutient le projet dont il est l'auteur et dont nous avons donné plus haut l'économie (Application des revenus des douanes à la métropole).

Le projet, on se le rappelle, n'avait pas été agréé au sein de la Délégation et celle-ci avait voté, de préférence, l'amendement de M. le colonel Corps.

M. Corps, présent à la réunion plénière, intervient de nouveau et propose l'adoption dudit amendement, dont nous répétons ici les termes :

« Les Délégations,

« Tout en recommandant plus particulièrement le projet de budget dit *spécial,* s'en remettent à la sagesse des Pouvoirs Publics pour le choix à faire entre un budget *intégral* et un budget *spécial* proprement dit, à condition toutefois que le budget *intégral* soit complété de la façon suivante :

« 1° Reconnaissance à la Colonie de son droit de décision sur les dépenses facultatives, avec faculté de comprendre, dans ces dépenses, toutes celles qui ont pour but de seconder le développement économique de la Colonie ;

« 2° Affectation à ses besoins et à l'assiette de son crédit, des taxes spéciales que les Assemblées algériennes seraient admises à voter ;

« 3° Affectation des excédents de recettes à la constitution d'un fonds de réserve, destiné à pourvoir à des besoins urgents ou à fortifier le crédit de l'Algérie. »

Ainsi qu'on devait y compter, en raison de la composition même de l'Assemblée, formée de deux Délégations différentes, cette motion ne pouvait réunir l'unanimité.

Elle fut néanmoins votée, mais par 33 voix, contre 21 et 4 abstentions.

*
* *

Le débat devait se rouvrir au *Conseil Supé-*

rieur, un mois plus tard, dans la séance du 20 décembre 1899.

Il eut toute l'ampleur à laquelle on pouvait s'attendre, la plupart de ses Membres ayant pu s'éclairer au feu de la discussion des délibérations dans les autres Assemblées.

Mais l'hésitation témoignée par sa Commission n'en est que plus grande, en face des divers projets dont celle-ci a pris connaissance et qui, tous, offrent une somme variable d'avantages et d'inconvénients.

Le rapporteur, M. Casanova, rappelle, qu'au lieu du projet primitif, présenté l'an dernier, on se trouve, aujourd'hui, en présence de quatre systèmes différents :

A. — Le premier projet Laferrière : Budget spécial avec dotation ;

B. — Le projet Aymes : Budget spécial, scindé en recettes et en dépenses ;

C. — Le projet Dessoliers-Vinci : Budget unifié, avec subvention et réforme administrative ;

D. — Enfin, le projet ministériel : Budget unifié, avec subvention, mais sans réforme administrative.

M. Casanova passe en revue les arguments qui militent pour et contre chacune de ces conceptions. Il n'a pu préparer de conclusions fermes, car aucun courant bien défini ne s'est manifesté au sein de la Commission, sauf une certaine préférence pour les projets *B* et *D* et il ajoute que, dans leur dernière réunion, ses Collègues et lui avaient cru devoir formuler ainsi la proposition à soumettre au Conseil Supérieur, en séance publique, *sans en faire une clause d'exclusion pour d'autres solutions* :

« Les recettes et les dépenses de l'Algérie seront divisées en deux parties distinctes :

« La première, *en recettes*, comportera le produit des douanes, et en *dépenses*, toutes les dépenses métropolitaines, dont la nomenclature a été fixée dans le projet de 1898.

« La seconde (partie algérienne, budget algérien), en *recettes*, tous les produits perçus en Algérie, autres que ceux des douanes ; en *dépenses*, toutes les dépenses dites algériennes et dont la nomenclature a été également fixée en 1898.

« L'Algérie sera dotée de la personnalité civile et pourra notamment contracter des emprunts. »

M. Vinci répond à M. Casanova et demande la permission de défendre le projet *C*, adopté par la Délégation des *non colons*, c'est-à-dire le budget unifié, avec subvention et complété par la réforme administrative.

Il développe, longuement et avec éloquence, les avantages qu'il lui trouve, notamment ceux de la franchise et de la netteté. Il s'attache à prouver la similitude qui existe entre ce système et celui qui paraît aujourd'hui avoir la faveur du Gouvernement métropolitain, à cela près qu'on ne va pas, dans ce dernier, jusqu'à adopter la réforme administrative.

Très habilement, M. Vinci dit que, pour assurer le succès du projet, il abandonnera volontiers ce point, laissant à la France le soin de l'accorder spontanément plus tard, quand elle en aura reconnu les avantages.

Il croit, d'ailleurs, que cette attente ne sera pas longue, car ce ne sont pas seulement les Algériens qui réclament cette réforme. M. Béhic, en 1869, l'a indiquée comme urgente. M. Jules Ferry, en 1892, abondait dans le même sens. MM. Fleury-Ravarin et Jonnart se sont, depuis lors, exprimés en sa faveur et, quant au droit de contrôle des Assemblées algériennes, le dernier gouverneur, M. Jules Cambon lui-même, le réclamait.

Après M. Vinci, M. l'inspecteur général des finances, de Beaucoudray, s'attache à démontrer les inconvénients des trois premiers projets ; il réfute l'opinion émise au sujet de l'impossibilité d'effectuer des travaux neufs sur les fonds d'emprunt et dit qu'il n'y a rien de plus légal ; il termine en engageant l'Assemblée à s'orienter de préférence dans le sens du quatrième projet, dit projet ministériel.

M. le Gouverneur Général prend le dernier la parole pour résumer la discussion.

Il dit qu'à tous les projets énumérés il convient d'ajouter celui de M. Lemoigne, rapporteur du budget de l'Algérie à la Chambre, et qui pourrait s'appeler *Budget avec fonds consolidé.*

Il annonce ensuite qu'un amendement, dont le télégraphe vient d'apporter la nouvelle, a été déposé la veille, à la Chambre, par MM. Barthou, Etienne, Thomson et Lemoigne, et aux termes duquel ils ont demandé à la Chambre de prendre, dès maintenant, un engagement de principe en faveur de la création immédiate d'un budget algérien.

« Quel sera ce budget? ajoute M. le Gouverneur Général.

« Ni les Délégations financières, ni le Conseil Supérieur, ni le rapporteur de l'Algérie à la Chambre, ne peuvent le dire.

« Ce budget sera tel qu'en décideront la Chambre et le Sénat, éclairés par les études auxquelles se seront livrées les Assemblées algériennes. »

Dans ces conditions, M. Laferrière estime qu'il serait sage de voter le texte de la Commission, précisément parce qu'il n'offre rien d'exclusif et il fait donner lecture, par M. le Secrétaire Général du Gouvernement, de la note suivante, qui lui paraît devoir compléter ce texte.

« Le Conseil Supérieur,

« Vu les conclusions de la Commission des finances ;

« Vu les différentes formes du budget algérien, énumérées dans le rapport de ladite Commission ;

« Vu le rapport de M. Lemoigne, député, sur le budget de l'Algérie, pour l'exercice 1900 ;

« Vu la proposition déposée par MM. Lemoigne, Barthou, Etienne et Thomson, tendant à ce que la loi de finances de l'exercice 1900 décide qu'à partir du 1er janvier 1901 l'Algérie soit dotée d'un budget spécial ;

« Considérant que cette proposition de loi, par son importance et par les effets immédiats qu'elle est susceptible de produire, s'impose avant tout à l'attention du Conseil Supérieur, qui ne peut que manifester sa plus entière adhésion à cette décision de principe et en remercier les auteurs ;

« Prenant, au surplus, en considération tant le

système budgétaire énoncé dans ladite proposition que celui adopté par les Délégations financières et celui qui est proposé par la Commission des Finances du Conseil Supérieur ;

« Emet le vœu :

« Que l'addition proposée à la loi de finances de 1900 soit acceptée par le Gouvernement et adoptée par le Pouvoir législatif et que le Gouvernement veuille bien s'inspirer, pour y donner suite et la compléter au besoin, des vues énoncées dans les propositions et délibérations ci-dessus visées. »

Le Conseil Supérieur, par 46 voix contre 7 abstentions, adopte ladite résolution.

***

Messieurs,

Après avoir fait passer sous vos yeux le résumé aussi complet, aussi fidèle que possible, de l'état d'esprit des Assemblées algériennes, les mandataires de la population de Constantine ont peu de chose à y ajouter pour leur compte.

Notre opinion personnelle est favorable au budget intégral et à la constitution d'un Conseil colonial élu. Mais en prenant au pied de la lettre cette expression, fort juste, de M. le Gouverneur Général Laferrière : « le budget algérien sera ce que le feront la Chambre et le Sénat, » nous escomptons, ici, la légitime et grande influence que vous êtes appelés à exercer sur les résolutions du Parlement et nous nous permettons d'insister tout simplement auprès de vous pour que ces résolutions soient empreintes de l'esprit le plus large et le plus libéral. La France, au moins autant que l'Algérie, en recueillera le bénéfice, veuillez le croire, car en travaillant au développement de ce pays, c'est à la fois sa propre force, sa propre gloire, qu'elle augmente.

Et quand nous autres, Français algériens, profondément dévoués à cette Patrie que la distance même rend plus chère à nos yeux, quand nous réclamons en même temps son concours et une plus large part dans la conduite de nos affaires, c'est, soyez-en bien convaincus, dans notre hâte de contribuer plus vite et plus efficacement à sa prospérité, à l'accroissement de notre commun et inséparable patrimoine.

Nous saluons en vous, Messieurs, des frères aînés, en qui nous mettons notre confiance, une confiance qui ne sera pas déçue, car l'Algérie qui vient de se montrer à vous sans réticences, l'Algérie que vous venez de parcourir tout entière, au prix de rudes fatigues qui nous imposent envers vous une lourde dette de reconnaissance, cette Algérie si française aura su trouver le chemin de votre cœur et éveiller en vous le vif désir de la faire aimer, de la défendre comme elle mérite de l'être.

LA COLONISATION ALGÉRIENNE

MESSIEURS,

Hier encore ce problème eut été le premier à inscrire à votre programme, le plus important aussi de ceux qui méritaient votre sollicitude.

Son importance intrinsèque n'a pas diminué; il résume encore presque toute la question algérienne. Mais nous nous permettrons de dire qu'il ne saurait tenir aujourd'hui la même place dans vos préoccupations car, si on admet comme chose acquise la création du budget algérien et l'attribution de la personnalité civile à la Colonie, ce ne sera plus désormais uniquement à la Métropole que nous devrons nous adresser pour les dotations annuelles destinées à l'œuvre de la colonisation.

Toutefois, vous avez pris trop à cœur la tâche qui vous est confiée, vous êtes trop désireux de vous éclairer sur tout ce qui touche aux destinées de l'Algérie, vous êtes en un mot de trop bons Français, Messieurs, pour ne pas vouloir entrer dans le vif d'un sujet aussi étroitement attaché à la prospérité de cette seconde France et nous sommes bien convaincus, d'ailleurs, que vous n'avez pas attendu l'heure présente pour vous documenter et jeter tout au moins un regard d'ensemble sur l'œuvre gigantesque entreprise par nos pères et poursuivie à travers mille entraves par les deux dernières générations.

Membres du Parlement, vous avez pu entendre la parole convaincue de Jules Ferry. Vous avez eu, dans tous les cas, connaissance de son admirable rapport au Sénat, à l'issue du consciencieux voyage de 1892.

Nos archives ont pu vous fournir la déposition lumineuse de l'honorable inspecteur général, M. Dormoy, devant la Commission d'enquête sénatoriale à la même date, puis son rapport général au Conseil Supérieur, en janvier 1899 et la discussion à laquelle a donné lieu celui de MM. Bégey et Garau, aux Délégations de décembre 1898.

Ces documents sont aussi complets qu'on peut le souhaiter et réunissent tout ce qu'une compétence incontestable et une longue expérience ont pu suggérer à des hommes d'intelligence pratique, bien placés pour étudier, et animés du zèle le plus désintéressé.

Ils vous disent, ces documents, que les terres possédées et exploitées par les Européens, — non par les Français seuls, hélas ! — ne sont que la *neuvième partie* du territoire civil et la *trente-quatrième partie* seulement des territoires civil et militaire réunis et ne comportent que 1,400,000 hectares, comprenant environ 600 villes, villages ou hameaux où vivent 315,000 Français et 270,000 Européens, contre 3,700,000 indigènes, et donnant lieu pourtant à un mouvement commercial annuel de 550,000,000 de francs, parti de 8,000,000 il y a moins de 60 ans, en 1831.

Ils ajoutent, malheureusement, qu'après le prélèvement opéré de ces 1,400,000 hectares, c'est à peine s'il reste aujourd'hui, en terres domaniales disponibles, 250,000 hectares, dont 80,000 hectares, tout au plus, propres à la culture.

L'œuvre de la colonisation officielle, telle qu'elle a été pratiquée jusqu'ici, semblerait donc, *à priori*, bien près d'être achevée, et l'avenir bien étroitement limité.

Et pourtant, dit M. Dormoy, non seulement il faut songer à étendre le plus possible la zone de colonisation, mais encore à améliorer, à consolider les résultats acquis, en assurant la prospérité des premiers occupants. A ce prix seulement, la France aura rempli son rôle en Algérie.

Cette œuvre ne peut s'accomplir que par une bonne loi sur la propriété indigène et par la mise en circulation des immenses territoires frappés de discrédit et de non-valeur par un caractère collectif plus ou moins réel, mais réputé tel jusqu'à présent.

Et c'est ici que nous devons, en passant, réclamer votre appui, Messieurs, pour la prompte amélioration de la loi de 1897, aggravée par une circulaire intempestive, datée de mai 1898, au sujet de laquelle vous avez dû entendre de nombreuses doléances.

Le Sénat, dans un esprit très libéral, recommandait, en votant la loi de 1897, de favoriser le plus possible l'initiative individuelle dans le développement de la colonisation ; aussi a-t-on peine à s'expliquer l'esprit restrictif de la circulaire en question, qui vient paralyser précisément cette initiative.

Nous en dirons tout autant de la constitution d'une Commission spéciale récemment créée pour rechercher les moyens de protéger la propriété indigène, c'est-à-dire, — dans l'esprit de ses auteurs, — de laisser ladite propriété à peu près en l'état actuel.

Vous avez eu, Messieurs, à vous occuper de cette grosse question qui forme un chapitre spécial de votre programme d'études, et depuis bientôt un mois que vous êtes en Algérie votre opinion est faite, cela n'est pas douteux, car la vaste enquête provoquée dans le sein de la Colonie même, par ladite Commission, a provoqué de nombreuses et intéressantes conclusions, presque toutes identiques, *en faveur de la liberté des transactions*.

Mais vous n'avez pu moins faire que d'être frappés, ainsi que nous, de l'espèce d'incohérence que révélait, en certaines sphères, la position même d'une semblable question.

L'Algérie entière réclamait la liberté ; tous les corps élus émettaient depuis longtemps des vœux dans ce sens ; une voix autorisée, la plus qualifiée de toutes, dénonce, dès 1892, le danger que court le développement de la colonisation ; sept ans plus tard, elle reprend la même thèse dans un lumineux rapport au Conseil Supérieur, rapport qu'applaudit à l'unanimité cette Assemblée, composée cependant d'autant de fonctionnaires que de membres élus, et, en même temps, par une sorte d'ironie étrange des choses, on voit toutes les transactions arrêtées, la colonisation subir un recul.

Vous nous aiderez, Messieurs, à faire justice de cette singulière obstruction, ne fût-ce qu'en réclamant l'application pure et simple de la loi existante, en attendant mieux.

*
* *

Il est aussi un point sur lequel votre appui pourra être d'un grand secours à la Colonie : c'est la réforme du décret du 30 septembre 1878, sur l'aliénation des terres domaniales.

Depuis longtemps, l'imperfection des dispositions qu'il édicte éclate à tous les yeux. M. le gouverneur général Laferrière, à peine entré en contact avec les véritables colons algériens, se déclarait convaincu de l'urgence de cette réforme et proposait aux Pouvoirs Publics les modifications qu'il jugeait indispensables. Voici déjà bientôt deux ans passés depuis lors ; aucune solution n'est intervenue et le Gouverneur se trouve obligé de continuer, bien qu'à contre-cœur, à appliquer des dispositions qu'il a reconnues absolument néfastes.

Cette affaire ayant été soulevée au Conseil Supérieur, au mois de décembre dernier, le Rapporteur s'exprimait ainsi, après avoir rappelé le regret exprimé, devant les Délégations financières, par M. le Gouverneur Général, au sujet des retards apportés à l'approbation du décret attendu : [1]

« Votre Commission ignore ce qu'il peut y avoir

---

(1) M. le Ministre de l'Intérieur avait bien voulu donner son adhésion, mais au dernier momont le département des Finances avait soulevé des objections et émis l'avis que les terres domaniales ne devaient plus être attribbées en toute propriété, mais concédées à bail d'une plus ou moins longue durée.

d'exact dans les informations de la Presse, mais le langage de M. le Gouverneur Général suffit à lui inspirer les plus vives inquiétudes et il lui semble que le Conseil Supérieur tout entier a, dans la circonstance, un véritable devoir à remplir, celui de protester contre toute entrave de ce genre, qui aurait pour résultat inéluctable de jeter le découragement dans les esprits et d'arrêter fâcheusement l'œuvre de la colonisation.

« Nous voulons douter encore de la réalité des bruits qui courent.

« Comment, en effet, les concilier avec les sentiments récemment exprimés à la tribune parlementaire et tendant à exercer une certaine pression sur le Représentant de la France dans la Colonie, pour l'amener à restreindre la part légitime qu'il souhaitait pouvoir attribuer aux fils de colons, après avoir constaté *de visu* le résultat admirable des efforts persévérants de leurs pères.

« L'intervention quasi passionnée d'un certain nombre d'orateurs, dans ce sens, semblait nécessairement impliquer l'idée de favoriser l'immigration des cultivateurs de la Métropole, sentiment louable dans son essence et auquel le Conseil Supérieur s'est associé en réclamant au moins l'égalité de traitement pour les uns et pour les autres. Or, ne suffit-il pas de la moindre réflexion pour voir que les intentions prêtées à M. le Ministre des Finances auraient pour résultat de tarir immédiatement la source de cette immigration tant souhaitée ?

« Quel est le paysan de France qui consentira désormais à passer la mer pour devenir le simple locaₜaire de l'Etat, pour dépenser son petit capital et épuiser ses forces sur une terre à défricher, à mettre en valeur, et dont le fonds n'appartiendra finalement ni à lui ni aux siens ?

« Déjà lent à s'émouvoir lorsqu'on faisait miroiter à ses yeux le prestige de la propriété, il se détournera complétement de cette Algérie où il aurait pu continuer à travailler sur un sol national et contribuer à l'accroissement du patrimoine commun et il prêtera fatalement l'oreille, s'il tient à chercher fortune au loin, aux séductions des agences étrangères.

« Enfin, depuis si longtemps que le décret du 30 septembre 1878 montrait ses imperfections, après tant d'études sur les moyens de l'améliorer, après tant de vœux exposés par les Corps élus de la Colonie et si heureusement résumés dernièrement par l'Assemblée sénatoriale et par M. le Gouverneur Général, appréciant en pleine connaissance de cause, faut-il se résigner au dernier moment à voir détruire les espérances de la Colonie et à lui laisser faire un tel saut en arrière.

« Et dans quel but ? Pour un maigre intérêt fiscal, d'ailleurs purement chimérique, car les finances de l'Etat ne sauraient finalement trouver leur compte dans une restriction quelconque du développement agricole de l'Algérie, bien au contraire ! Pour la conservation indéfinie au Domaine de l'Etat de terres dont la valeur vénale est si précaire, quasi improductive entre ses mains et dont, seuls, le courage et l'ardeur des colons, stimulés par l'amour de la propriété, peuvent faire une richesse tangible au plus grand profit de la France.......

« Le Conseil Supérieur a la conscience de rester fidèle à sa tâche et de défendre les véritables intérêts de la Mère-Patrie, en même temps que ceux de la Colonie, en donnant hautement et à l'unanimité son adhésion au vœu qui lui est soumis et prie M. le Gouverneur Général de vouloir bien en transmettre l'expression au Gouvernement de la République, en l'appuyant de toute son énergie et de tout le poids de sa haute autorité. »

Les conclusions de ce rapport furent adoptées *à l'unanimité*, dans la séance du 19 décembre 1899, et nous rappelons, à ce propos, que le Conseil Supérieur compte dans son sein un nombre à peu près égal de hauts fonctionnaires et de membres élus.

Vous partagerez assurément l'opinion de cette Assemblée, Messieurs, et votre légitime influence nous aidera à obtenir prompte satisfaction.

Mais il est un autre sujet sur lequel votre bienveillant appui ne nous est pas moins nécessaire et pour lequel votre adhésion ne nous sera pas moins précieuse.

Les terres domaniales, vous l'avez vu, seront bien vite épuisées. Si le régime de la propriété indigène n'est pas promptement modifié et si elle continue d'être pour ainsi dire intangible, c'est l'Algérie condamnée à l'immobilisme, pis encore, à la rétrogradation.

En tout état de cause, nous soumettons à vos réflexions et à votre patriotisme ces lignes extraites de la déposition de M. Dormoy devant la Commission sénatoriale (pages 40 et 41) :

« Est-il admissible que l'œuvre de la colonisation

qui domine aujourd'hui la question algérienne et qui
doit caractériser la période actuelle de l'existence de
notre colonie, est-il admissible que cette œuvre repose sur une base aussi étroite ? Cela ne peut être
dans la pensée de personne, mais, si ce problème doit
être élargi, à quels moyens pour y arriver est-il possible de faire appel ?

« M. le député Burdeau, dans son rapport sur le
budget de l'Algérie, en 1892, dit, à ce sujet, que le
ressort le plus puissant dont dispose l'Etat pour hâter
la colonisation, c'est le développement des travaux
publics ; nous sommes de cet avis en ce qui concerne
la prospérité des centres existants, mais quel que soit
le développement des travaux publics, il ne se créera
pas de nouveaux centres et les anciens centres ne
pourront être agrandis si l'Etat n'en prend l'initiative,
par ce motif qu'en raison du régime de la propriété
indigène, *l'Etat seul a le pouvoir de se procurer les
terres indispensables pour la constitution ou l'agran-
dissement des périmètres.* »

Avec l'attribution à la Colonie de son budget
propre, c'est à elle-même que va revenir la charge
de continuer l'œuvre entreprise. Mais la question n'est pas uniquement budgétaire et le Parlement n'entend certainement pas se désintéres-
ser de ce qui se passera de ce côté de la Médi-
terranée. Ne s'opposera-t-il pas, ainsi qu'il l'a
fait déjà, sous l'empire de sentiments généreux,
mais insuffisamment éclairés, à l'expropriation
des terres nécessaires au développement de la
colonisation?

Voilà le point essentiel sur lequel nous serions
heureux de porter la conviction dans votre es-

prit, Messieurs, et c'est encore le cas de citer ici l'honorable Inspecteur Général de la colonisation et de vous prier de vous appesantir sur le premier chapitre de sa déposition déjà citée (pages 6 à 10), où se trouve magistralement exposée la connexité des intérêts qui existent entre les colons et les indigènes, et où l'auteur fait ressortir, de façon irréfutable, à quel point la prospérité de ceux-ci est attachée à l'extension rapide de la richesse des premiers :

« La race indigène, dit-il, en terminant, n'a pas de son côté un intérêt moindre à la pénétration de son territoire par l'élément européen, qui est le seul moyen pour elle de se familiariser avec nos procédés d'exécution et d'élever progressivement le niveau de ses facultés. »

Nous pourrions ajouter bien des exemples à ces lignes si concluantes. Qu'il nous suffise de rappeler le concours puissant et efficace que les Arabes, autrefois si fréquemment frappés par d'effroyables famines, ont trouvé auprès de l'Administration civile et des colons, dès le jour où la colonisation a atteint sa majorité, c'est-à-dire depuis l'avènement de la République de 1870. Et qu'on nous permette de l'affirmer, en outre, — chose bien facile à vérifier, — c'est que les indigènes les moins à plaindre sont, dans toute l'Algérie, ceux qui vivent côte à côte avec les colons.

Ce n'est donc pas, poussés par une pensée d'absorption systématique, encore moins par un sentiment d'hostilité envers les indigènes, que nous souhaitons la possibilité de prélever, moyennant compensation et dans des limites à fixer, les territoires nécessaires à l'achèvement de l'œuvre grandiose que vous avez pu contempler à loisir ; non, c'est pour obéir à la logique des prémisses posées, c'est dans l'intérêt commun de la Patrie, de la Colonie et de ses habitants de toutes races.

Et d'ailleurs, si votre conscience avait besoin d'être rassurée, Messieurs, ne le serait-elle pas à la lecture des documents officiels puisés dans le volume des délibérations des Délégations financières ?

Quels sont nos projets ? Qu'entendons-nous faire de cette liberté réclamée et que la France consent enfin à nous octroyer ?

Cela se trouve tout au long dans le beau rapport de MM. Bégey et Garau, Délégation des *Colons,* session de décembre 1898, pages 149 à 184, et en voici les desiderata principaux :

« Donner au Gouverneur Général plus de liberté d'action.

« Réserver, si possible, autour des futurs centres, une zone complémentaire pour y installer les indigènes qui auraient été dépossédés ailleurs.

« Porter la contenance des lots de villages à 100 hectares et celle des lots de ferme à 200 hectares, dans les régions où la qualité médiocre de la terre l'exigerait.

« Eviter l'uniformité de contenance dans chaque village et subordonner cette contenance à la valeur intrinsèque des lots.

« Choisir, avec plus de discernement, les immigrants et exiger d'eux la preuve réelle et palpable des ressources qu'ils disent posséder avant de venir.

« Elever du tiers à la moitié la proportion des fils de colons dans les attributions à décerner, et attribuer en outre aux fils de colons les lots qui, après avoir été affectés aux immigrants, seraient délaissés par ceux-ci.

« Employer la main-d'œuvre pénitentiaire pour les gros défrichements avant l'installation des colons, quand besoin serait. »

Tout cela, Messieurs, vous pouvez vous en rendre compte, n'a rien que de sensé et de pratique, et vous penserez comme nous que M. le Gouverneur Général Laferrière a été heureusement inspiré lorsqu'à la clôture des Délégations il rendait pleinement hommage à l'esprit de sagesse qui avait présidé à la première réunion de ces hommes d'expérience et de labeur.

Mais, il y a mieux, et pas n'est besoin d'aller chercher dans nos archives l'expression de leur pensée. Vous venez de les voir, de passer un mois avec eux, et ils n'ont pu, nous en sommes sûrs, que gagner dans votre estime en gagnant en même temps la cause de l'Algérie.

Leur plaidoyer était sans doute un plaidoyer *pro domo*. Mais n'était-il que cela ? Vous ne l'avez pas pensé et vous avez certainement dû y trouver la trace de cet amour de la patrie, de cette soif du bien commun, de cet enthousiasme pour le progrès, qui sont particuliers à notre race.

Au reste, et c'est par là que nous terminerons, d'autres qu'eux, et qui n'étaient venus en ce pays que pour y chercher un peu de gloire sous les plis du drapeau, sans aucun souci de bénéfices matériels, tenaient le même langage il y cinquante ans et plus.

De rudes soldats, malgré leurs préoccupations professionnelles, malgré les fatigues et les dangers de combats incessants, ont été aussi des penseurs et des voyants.

Et c'est un devoir doux à nos cœurs de Français et d'Algériens que de leur rendre justice en invoquant leur témoignage.

En est-il de plus probant que cette belle lettre de Lamoricière à Castellane, écrite en plein bivouac, le 30 janvier 1846, et dans laquelle on relève les passage suivants :

. . . .

« Suivant moi, on pourrait presque dire que l'avenir de l'Afrique repose sur la rapide implantation, sur le sol, d'une nombreuse population européenne. En effet, il y a aussi deux choses à considérer, *et l'armée chargée de défendre la Colonie et la nourriture de cette armée en cas de guerre maritime :*

« 1° Pourrons-nous toujours demander à la Mère-Patrie toute cette armée qui, un jour venu, devrait trouver dans la Colonie elle-même, assez de ressources pour suffire, en partie du moins, à son entretien et à son recrutement? Le puissant concours que devront nous fournir plus tard les milices africaines, permettra au Gouvernement de diminuer considérablement l'effectif des troupes proprement dites. C'est dans ce sens et aussi parce que les revenus seraient plus forts que, de fait, la Colonie pourra suffire *presque seule* à sa propre défense. Mais pour cela il faut des colons européens.

« 2° Nous devons tout faire pour retirer du pays même, le blé, la viande, les fourrages, etc., nécessaires pour la nourriture de cette même armée. Les indigènes cultivent-ils assez, élèvent-ils assez de bestiaux, de chevaux, etc., pour suffire à tous nos besoins ? *Non*, en supposant même qu'ils soient tous réellement soumis. A plus forte raison, *non*, dans le cas d'une guerre générale.

. . . .

« Une population européenne et *agricole* peut seule nous permettre d'espérer qu'il nous sera possible, un jour, de nous maintenir en Algérie sans être pour la France une charge telle, qu'elle ne pourrait peut-être pas la supporter en cas de guerre européenne.

« Mais cette population européenne. . . . . . . A-t-on fait jusqu'ici ce qu'il fallait pour l'encourager à venir se fixer parmi nous ? *Non*, mille fois *non*. Les longs retards que les colons riches ou pauvres rencontrent à Paris et à Alger, les ont souvent dégoûtés et ont discrédité notre colonisation.

. . . .

« Dans les discussions qui vont avoir lieu à la Chambre, bien des systèmes vont être mis en présence. Le plus efficace, selon moi et en conséquence de tout ce que je viens de dire, sera celui que je vais résumer en peu de mots.

« Tout faire pour attirer le plus promptement possible, en Algérie, le plus grand nombre de colons possible, les encourager en leur donnant de la terre aussitôt et au fur et à mesure qu'ils arriveront.

. . . .

« Je voudrais que ce fût un système admis en principe, mis partout en pratique et pour lequel les Chambres voteraient annuellement des fonds.

« Je vous demande pardon, Monsieur le Lieute-
nant-Général, de vous entretenir si longuement d'une
opinion qui m'est personnelle. Vous m'avez mis sur
la voie et je n'ai pu résister au désir de vous faire
connaître ma pensée sur une question que je n'ai pas
la vanité de juger mieux que personne, mais que j'ai
la prétention d'avoir étudiée autant que qui que ce
soit au monde. »

. . . .

Il avait raison, le vaillant soldat. La colonisation, c'est la question algérienne elle-même,
c'est la question toute entière et vous partirez
d'ici, Messieurs, avec la conviction profonde de
cette vérité désormais incontestable.

Nous aurions pu joindre à ces quelques pages
d'autres considérations qui se rattachent étroitement à notre sujet, telles par exemple que le
besoin de crédit et de sécurité pour le développement et la conservation des biens de la
terre; mais ce serait sans doute une superféta-
tion après la longue enquête à laquelle vous
venez de procéder, ces divers points ayant sans
nul doute été traités auprès de vous plus élo-
quemment que nous ne saurions le faire.

Aussi, nous bornerons-nous à en affirmer ici
l'importance capitale et achèverons-nous cette
déposition en vous remerciant bien sincèrement,
Messieurs, de l'intérêt que vous voulez bien
prendre à nos vœux et des laborieux efforts
auxquels vous vous êtes astreints pour le bien
commun.

Nous en garderons, croyez-le, un vif et reconnaissant souvenir.

NOTE DE L'AUTEUR

Les quelques pages qu'on vient de lire ont été tracées à la hâte, dans le désir de ne pas faire défaut à l'audience de MM. les Enquêteurs, dont nous ne connaissions pas l'itinéraire et qui pouvaient nous arriver à l'improviste.

Une étude plus complète s'imposait sans doute; mais, pressé par le temps, nous nous sommes efforcé de faire entendre au moins les paroles nécessaires, d'affirmer une fois de plus notre amour pour la Mère-Patrie et de faire comprendre à nos hôtes combien la France doit trouver de profit à se montrer maternelle, libérale et généreuse envers sa grande Colonie.

Puissions-nous avoir atteint ce but. C'est notre seule ambition et ce sera notre meilleure récompense.

L. R.

Juin 1900.

164